Vies

Sainte
LOUISE

Éditions du Signe

Louise de Marillac est née le 12 août 1591 à Poissy, tout près de Paris. Elle est issue d'une famille noble. Sa maman l'a abandonnée dès sa naissance. Son papa qui est militaire, est souvent absent. Il la confie aux Sœurs Dominicaines de Poissy qui reçoivent dans leur maison de jeunes enfants.

Louise paraît heureuse,
mais dans son cœur elle souffre
de ne jamais voir ses parents.
Elle s'applique pour bien apprendre
ses leçons, elle aime dessiner
et peindre. Elle découvre la vie
de Jésus. Elle lui dit souvent
une prière qu'elle-même invente.

Elle a 13 ans quand son papa meurt. Son oncle la place alors à Paris, dans un foyer moins cher que celui de Poissy. Louise pleure en quittant les Sœurs et ses petites amies de Poissy.

Rapidement, Louise s'aperçoit que la directrice du foyer n'a plus d'argent à la fin du mois pour payer le pain et la viande. Avec quelques camarades, elle organise un petit atelier de dentelle. L'argent de la vente est remis à la directrice qui est tout émue.

Durant son séjour au foyer de Paris, Louise fait la connaissance des religieuses habitant au faubourg Saint-Honoré.
Elle découvre leur vie de prière et de travail. Louise rêve d'entrer dans ce monastère car elle voudrait aimer Jésus en vivant comme elles.

Mais le séjour dans ce monastère lui est refusé. Sa santé n'est pas bonne, elle ne pourra pas supporter la rude vie de ces religieuses, lui dit le supérieur des Capucins, un ami de son oncle.

Ses oncles et tantes décident de la marier. Le 5 février 1613, Louise épouse Antoine Le Gras. Son mari travaille au Secrétariat de la Reine. Antoine et Louise se réjouissent bientôt de la naissance de leur enfant Michel.

Durant quelques années, Louise est heureuse entre son mari et son enfant. Mais en 1622, Antoine est atteint d'une maladie grave, il devient parfois exigeant et coléreux. Louise a peur de l'avenir. Son angoisse grandit, la dépression la guette. Elle a envie de quitter son mari et son enfant.

Dans sa détresse, Louise prie beaucoup. Le jour de la Pentecôte, durant sa prière à l'église, elle comprend qu'elle ne doit pas désespérer, car Dieu est là. Elle sera très proche de son mari jusqu'à sa mort en décembre 1625.

Veuve, Louise est obligée de déménager, car son appartement est trop cher. Elle va dans un autre quartier de Paris, près de l'église Saint-Nicolas-des-Champs. Michel est perturbé par la mort de son papa et par ce changement.

Quelque temps plus tard Louise de Marillac rencontre Vincent de Paul, un prêtre dynamique et inventif. Il a mis en route une association appelée « Confrérie de la Charité » pour secourir ceux qui sont malades et ceux qui ont faim.
Vincent de Paul invite Louise à participer à cette association.

Cette Confrérie rassemble des femmes mariées et des jeunes filles. Très vite, il découvre les compétences de cette femme si malheureuse. Lui faisant confiance, il permet à Louise de reprendre goût à la vie.

Louise visite, accompagne les différentes équipes de cette association. Elle circule beaucoup, elle est très appréciée. Sa compétence, sa gentillesse font merveille.

Les équipes de Paris rencontrent des difficultés. Messieurs les ducs et les comtes n'apprécient pas que leurs femmes se rendent chez les pauvres. Quand elles reviennent, leurs habits sont fripés et dégagent une odeur désagréable. Ces messieurs leur demandent d'envoyer leurs domestiques à leur place.

Mais les domestiques ne sont pas toujours motivées pour ce travail et les pauvres ne reçoivent ni tendresse, ni amour. Vincent de Paul et Louise de Marillac réfléchissent pour trouver une solution à ce problème.

Vincent de Paul rencontre à Suresnes, un petit village des environs de Paris, une paysanne, Marguerite Naseau, qui accepte de venir servir les pauvres de la capitale. Cette femme ne craint pas le travail.

À la suite de Marguerite, d'autres jeunes paysannes, pleines d'enthousiasme, se présentent.
Louise de Marillac les reçoit, leur explique le travail à faire près des malades et leur recommande l'attention et la bonté.

Louise de Marillac est émerveillée par le dévouement de ces jeunes paysannes. Elle leur propose de former une communauté pour prier ensemble, réfléchir à leur travail près des malades et des pauvres.
Le 29 novembre 1633, quelques jeunes se réunissent. Ce groupe s'appellera « Communauté des Filles de la Charité ». Monsieur Vincent les incite à servir les pauvres et à leur montrer que Dieu les aime.

À Paris, de nombreux enfants sont abandonnés sous les porches des églises ou au coin d'une rue. Ils meurent tous rapidement, car personne ne veut s'en occuper. Vincent de Paul et Louise de Marillac réagissent et proclament : ces enfants ont le droit de vivre.
Une Association nouvelle est créée et le conseil d'administration s'occupe des finances.

Une maison est achetée pour accueillir tous ces enfants. Louise et les Sœurs deviennent les éducatrices de ces enfants. Louise ose des initiatives audacieuses. Elle lance le placement en nourrice. Des familles, vivant à la campagne, acceptent d'accueillir quelques-uns de ces enfants et de les traiter comme les leurs. Des visites régulières sont organisées pour vérifier que les enfants sont bien soignés.

Les Filles de la Charité sont demandées partout pour soulager les pauvres.
Les Soeurs partent à deux ou trois, loin de Paris, dans des villages, des hôpitaux.
Louise leur écrit souvent : elle les encourage, les invite à aimer tendrement ceux qui souffrent et à les respecter fortement, à conserver leur enthousiasme.

Dans les campagnes, il n'y a pas d'école pour les petites filles.
Les Sœurs prennent le temps de les instruire. Parfois, l'école se fait dans les champs où les filles gardent les vaches.

La guerre gronde souvent. En 1649, Paris est encerclé, le premier Ministre veut affamer tous ceux qui sont révoltés contre lui. Louise de Marillac, avec les Sœurs, organise des soupes populaires dans les différentes paroisses de la ville. Près de 3000 repas sont ainsi servis chaque jour.

Michel Le Gras, le fils de Louise,
se marie en janvier 1650.
L'année suivante, Louise est tout
heureuse de la naissance de sa petite-fille
Renée-Louise dont elle est la marraine.

En 1653, les armées espagnoles essaient d'envahir la France. La reine demande des Sœurs pour soigner les soldats blessés. La vie est rude pour ces infirmières sur les champs de bataille. L'une d'elle est blessée, deux autres meurent victimes d'une épidémie.

Les Sœurs sont très occupées pour soigner, nourrir tous ceux qui souffrent. Cependant, chaque jour, elles prennent du temps pour prier ensemble Jésus, lui parler de ceux qu'elles soignent. Elles demandent aussi à Marie de les guider dans l'accueil de ceux qui les appellent.

Depuis quelques années, Louise est souvent malade. En mars 1660, elle comprend que la mort est proche. Les Sœurs ainsi que son fils, sa belle-fille et sa petite-fille Renée-Louise se réunissent autour d'elle. Louise leur donne ses derniers conseils : « Le service des plus pauvres demande beaucoup d'amour. » Le 15 mars 1660, Louise meurt dans la paix du Seigneur qu'elle n'a cessé d'aimer tout au long de sa vie.

Aujourd'hui, dans le monde entier,
des jeunes filles entendent l'appel
à servir Dieu dans les pauvres.

Les Filles de la Charité
sont présentes dans les lieux
de grande pauvreté
en de très nombreux pays.

Quelques mots…

Capucins
Religieux suivant la Règle de saint François d'Assise.

Confréries
Nom donné aux associations chrétiennes au XVIIe siècle.

Domestique
Aujourd'hui on dirait employée de maison.

Dominicaines
Religieuses vivant selon la Règle de saint Dominique.

Monastère
Ensemble de bâtiments avec jardins, entouré de murs. Les religieux ou religieuses qui y vivent sont appelés moines (ou moniales) et n'ont pas d'activité à l'extérieur.

Éditions du Signe
1 rue Alfred Kastler
B.P. 10094 Eckbolsheim
67038 Strasbourg Cedex - France
Tél. : 03 88 78 91 91 - Fax : 03 88 78 91 99
E-mail : info@editionsdusigne.fr
www.editionsdusigne.fr

Texte : **Elisabeth Charpy**
Illustrations : **Augusta Curreli**
Maquette : **Juliette Roussel**

ISBN 978-2-7468-2117-0

Imprimé en U.E.

Après une vie familiale heureuse, Louise perd son mari. Seule avec son fils, elle va, par un chemin détourné, suivre son rêve d'enfance : se dédier entièrement à Dieu et aux autres. La rencontre avec Vincent de Paul lui permet de trouver sa route…

« Le service des plus pauvres demande beaucoup d'Amour. »

Louise de Marillac